풍경 風景

아름다운 세상이 나를 깨우는 작은 소리들

박인태 시집

세종출판사

시인의 말

사람은 사람의 세상을 벗어나 살기 어렵다. 신이 창조한 천지 자연 속에서 다른 사람과 함께 사랑이란 이름의 삶을 살아가는 것, 그것이 세상에 태어난 인간의 삶이자, 사명이다. 그리고, 가족, 사회, 철학, 종교 등 나의 삶에 녹아있는 행동 규범이면서도 나를 찾아가는 수도 없는 채찍같고 환희같은 세상의 이정표들, 이것이 나를 이끈다.

푸른 하늘 아래 가로수길을 걸어가는 수많은 사람들과 함께 누리는 인생은 신의 축복이며 은혜다. 감사한 마음으로 세상을 품고 살아야 한다. 바람 한 조각, 잎새 하나, 꽃잎 한 장, 나를 위해 보내주는 미소 하나까지도 신의 은총임을 알고 즐기며 살고 있다. 그래서 이 산천, 저 산천, 사람 사는 이 세상, 저 세상을 부지런히 보고, 체험하면서 인생이 지나가고, 삶이 가는 것 아닌가?

그게 사실이라면 욕심버리고 자유로운 영혼이 되어 사랑이 무엇인지 알고 실현하는 시간은 어떨까 하는 이런저런 마음에서 나를 정리 했다.

나는 세상과 함께 하면서 내가 영위할 수 있는 모든 즐거움, 기쁨, 행복을 선택한다.

책이 나올때까지 곁에서 조언과 지적을 아끼지 않은 아내이자 시인이신 김숙자님과 우리집 아이들, 외손자 이지호에게 이 책을 바칩니다. 무엇보다도 내가 세상에 첫 발을 디딜 수 있도록 깊은 혜안으로 이끌어 주신 정영자이사장님께 감사드립니다.

박인태

차례

여름

가을

겨울

사랑

어떤 대상이라도

사랑한다고 말해주기 전에는
떠나지 않고
나의 주위를 영원히 맴돈다

낮에 핀
벚꽃
한잎 한잎마다

사랑한다, 사랑한다, 사랑한다고 했더니

한밤
슬며시 부는 바람을 타고
하얀 나비되어 날아오르는

나비, 나비, 나비들

바람

1.

바람이 지나간다

여린 나뭇잎을 흔들고
꽃잎을 흔들고
당신의 머릿결을 흔든다

나는 스쳐 지나가는
바람이 아니다

바람
그 자체이다

바람에 흔들리는 여린 나뭇잎이고
전율하는 꽃잎이며
당신의 영혼이다

푸른 하늘 뭉게구름을 올려다 보며
그 어디에서 왔는지 나를 찾지 마라

언제나 당신 곁에
존재하여 있는
사랑이다

2.

꽃이 피고
꽃이 지고

또 한 무리의 꽃이 피는 세상

무한히 회전하는
창조의 공간에서 길을 묻습니다.

가끔씩 꿈에서 깨어나 길을 묻습니다
거울을 보며 묻듯이....

3.

버려 두라
간섭하지 마라

떨어지는 머리카락
한 올까지
아까워하거나 후회하거나 아쉬워 말고
버려 두라

미세한 한 개의 세포마저
자유를 원하는

완벽하게 자유로운 영혼이다.

4.

크고 웅장한
당산나무

푸른 이사귀 하나
바람에 일렁인다

누군가를 향한 인사

나를 기다렸노라고 말한다

봄날의 아침

눈을 뜨면
제일 먼저 반기는 새소리

맑은 하늘과 각양각색의 꽃들
꽃잎에 깃든 따뜻한 영혼들 …

나를 꿈꾸게 하며
먼 나라로 데려다 줄 것 같은
환상의 향기

포근한
춥지도 덥지도 않은
아름다운 시간들 …

꿈꾸는 자는 어느덧
영혼과 육체가 하나 되어
세상의 황홀한 쾌감에 취한다.

시간이 정지된 화원

봄 날의 아침

봄

노점 할머니가 다듬는 채소
느린 손가락 사이에서
새싹들은 자라나고

향기로운 과일 장수
늘씬한 몸매에서
딸기는 영근다.

그녀의 몸에서는 꽃이 핀다.

하얀 천상의 꽃이 핀다.

5월

흰
꽃이 밤새 울었다.

그
울음소리에 잠을 설치고

아침
마당위에는 상처가 산산히 부서져 있었다.

나무는
푸른 잎으로 생생하게
또 다른 삶을 떠나고 있다.

생명의 빛

하얗고 노랗고 빨갛던
올해 들어 유난히 원색을 자랑하던
꽃들이 떠난 자리마다

푸른 생명이 가득하고
붉고 뜨거워지는 햇살을 사랑하고 있다

뜨거워져 가는 몸을
미풍에 삭이며

서로를 유혹한다.

나는 아름다움,
푸른 생명,
힘찬 박동이다
내 너희를 기꺼이 사랑하리라

이것이 바로
약속을 지키기 위해 이 땅에 떨어진
천사의 선물

푸른 잎새들 …

경칩

새벽,
미명의 끝자락
태양의 종이 울리면
천지가 깨어난다

위대한 자들의 눈 뜸

만개의 눈이 동시에 눈을 뜨는
분주한 날이 시작되었다

봄비

찬바람 부는 엄동설한에
스스로 침묵하며 입을 닫았던 나무는

부드러운 봄비에 문을 열었다

문을 열고 세상과 대화를 한다

스치는 바람에게 인사하고
새들과 그간의 안부를
낮은 목소리로 속삭이며 이야기한다.

나무의 뒤뜰에는

하얀
노란
빨간 꽃들이 형형색색 수 놓아
세상을 향한 준비를 한다

꽃들의 축제가 시작되었다

마음

1.

눈을 떠라

시간의 눈을 뜨고 영혼의 눈을 뜨고
신의 영광속에서 빛으로 가득찬 세상을
축복의 눈으로 바라보라

신의 선물, 신의 축복, 신의 은총

이 넓은 세상은
나를 위한 잔치집

신의 은혜로운 눈으로
세상을 바라 보라

나의 형제
나의 다른 그림자들을 보라

세상과 하나된 희열을 느껴보라
신의 광채로 빛나는 땅

사방이 천국의 문에 이르렀다.

2.

나는 흐르는 강물이며
흘러가는 구름이다

나는 거대한 삼나무 숲이며
삼나무이고
그늘 아래 핀 작은 풀꽃이며

내가 너이고
네가 나이다.

생각하고 선택하는 모든 것이다.

나는 전지 전능한자

빛이요 생명이며
에너지요 사랑이다.

3.

마음은 자유로운 영혼
그가 무얼 선택하고
어디로 갈지 모른다

하늘의 종달새와 함께 날며 노래하고
구름이 되어 함께 흘러 다니다가

이내
바람이 되어
소나무가 되어
여린 들꽃이 되어 ...

쉼없이 변화하는 나를 찾았다

"사랑이다"

할머니들

번화한 도로 한켠 사잇길
참기름 집 앞 평상위에는

하나 둘 셋 넷 ... 여섯 할머니
옹기종기 모여 앉아 있다

무심한 얼굴로
각기 다른 방향을 쳐다보면서
미동도 하지 않는다

흘러가는 세상을 구경하신다

걸어가는 남자, 여자, 노인 ....

그래
세상에서 가장 재미있는 일은
사람 구경이다

나의 모든 행위와 기쁨은
인간을 벗어날 수 없음에도

감히 인간 세상에 발을 내밀지 못한다

나를 만나다

아침
신선한 출발

집을 나서면
항상 나를 만난다

반드시 걸어가는 나
뛰어가는 나

버스 속에서, 지하철 속에서
찌프린 나
웃고 있는 나
화가 난 나
상쾌한 나

모두가 한 공간 속에 존재하고 있는
각각의 나를 만나

낯설면서도
가슴 깊은 연정을 느낀다

꽃잎

부드럽고 섬세한
향기

신의 손길이 아니면 만들 수 없다

신의 손에서 창조되고 파괴되는
시간들

꽃잎이 하나씩 태어나며 흔들리는
공간

공간에 울려 퍼지는
향기

그림자를 메운다

바람의 노래

나는 누구인가

체험의 실체이며
존재의 실체

거짓인 것은 없다
필요치 않은 것도 없다

모든게 존재인 이유를 가지고 있다

나는 진리다
세상을 떠도는 사랑이다

나는 나를 대변한다.

세상에 존재하는 실체로서
선택과 체험은

오직 나 자신의 몫이다.

나는 나로서 존재한다

나는 바람
나는 위대한 이상이며 힘이다.

나는 의문없는 실체이다

꿈꾸는 자의 행복

꿈꾸는 것은
인간의 축복

나를 사랑하고
나에게 기원하는 열정

살아 숨쉬고 있다는 신호
열망과 갈망의 신호
세상에 존재하며
아직 사랑을 체험하고 있다는 절규

기도같은 절규 …

사랑의 절벽에서 느끼는 허무한 존재감
허상에 뿌리내린 희망

나는 나를 지킨다

이리 저리로 떠도는 생각들
아름다운 소유

환상, 환청같은 눈물의 기도들 ...

하얀 눈꽃같은 단어들로
세상에 떨어지는 햇살

모든게 동시에 함께 존재한다

이젠 익숙해 져야한다

커피 하우스

짙은 커피 향기

가득한 방에

널부러진 시간들

저마다의 시간 …

초침소리 가득한

정적

봄볕

텃밭에는
잔설이 남았어도

바람없는
담장에 떨어지는

미칠 것 같이 따뜻한 봄볕

부드러운 바람에 실려오는
옅은 향기

여름

새싹

폭우가 쏟아지던 전날 밤
어둡고 차가운 암흑속에서
가냘픈 여린 잎새는 태어났고

아침 눈부신 햇살이
가득히 떨어져
다이아몬드보다 황홀한 빛으로 번쩍인다.

얇은 바람에 흔들리며
아름다운 삶을 예견하는 듯하다

그의 삶은
강인하고 아름다우며 고독하리라
그리고 석양에 기대어 명상하며
자신이 누군지 알게 될 것이다.

마지막엔 그리운 님에게
사랑한단 말 한마디를 마저하지
못하고 돌아가리라

여름으로 가는 길

매미 소리 깊어가는 여름

뜨겁고 몽롱한 햇빛 아래

벌거벗은 접시 꽃이
붉고 붉게 익어간다.

뜨거운 햇살아래
인적 없는
텅 빈 들녘
벌거 벗고 서 있는 것은 모두 익어간다.

물놀이 즐기는 아이들도
접시꽃도
백일홍도
붉게 붉게 익어간다.

장마

한점 두점
똑 똑 똑 …
비가 떨어지면

풀숲에선
오래 묵은 곰팡이 냄새가 풀썩거리고

이제 막 시작된 연속극처럼
설레면서도
섭섭한

비오는 날

부부

1. 그 여자의 집

한 여름
햇살 뜨거운 날

처녀의 집 화단에 핀 잡초마저
기절하여 잎을 늘어 뜨리고 쳐진 날

온 집안이 떠들썩한
분주함 속에서
늘 그렇듯 남자는 산책을 나서고

처녀는 황토마당에서 잔치 준비로 소란스럽다

집을 나선 남자는 옛 추억을 더듬어

처녀의 집에 인사차 처음 오던 날
긴 시간 시골 버스에 시달리다
낯선 길에 내려 걸었던
코스모스 흐드러지게 피었던 길을 찾는다.

30년 동안 너무 많이 변해
길은 바뀌고 기억에 없는데
아직 남아 있는 산길을 찾아 반가움에 걷는다.

오랜 시간 방치된 길에는
8월의 뜨거움을 먹고 자란
노랑, 빨강, 흰색의 갖가지 꽃들이 피어 있었다.

높은 나무 사이에는
거미가
여전히 큰 집을 짓고 있었고

길의 끝에는
30년전
처녀의 집으로 가기위해 내린
산골 버스 정류장이 있었다.

때는
청명한 가을
남자는 건강하고 늘씬하였으며 잘 생겼지만
건방지게 청바지에 흰 티 셔츠, 운동화가 전부였어도

처녀는 자부심으로 충만하여 남자를 데리고 집으로 갔다

처녀의 집에는 올망졸망한 어린 동생들의 눈동자가
하나, 둘, 셋, 넷... 그렇게 있었고
장인인 촌부는
남자 앞에서 말이 없으셨다.

도시물에 젖은 하얗고 늘씬한 모습에
마음이 끌렸어도 내색하지 않으셨다.

처녀는 그 남자가 자랑스러웠다.

남자에게는 처녀의 집이 멀고 갑갑했다.
산을 배경으로 펼쳐진 들녘
넓은 논밭의 단순한 풍경
올망졸망한 어린 눈망울들
말없는 어르신들

남자에겐 흔치 않은 일상일 뿐이었다.
그리고 남자는 너무 어렸다.

그 뒤로도 오랫동안 남자는 늘 그렇게 생각했다.

그러나
처녀의 자부심은 대단했다.
남자를 자랑스러워 했다

말 없던 장인은
끝내 남자와 깊은 대화 없이 사랑을 가슴에만 묻은채
20여년전 떠나고

오늘은
장모의 팔순 잔치날

그날 저녁
처녀의 집 위를 환희 밝히던
별 하나 떨어져
남자의 가슴속 깊이 박히던 날
남자는 비로소 참회의 눈물을 흘렸다.

.... 처녀의 자부심에 비하면
자신은 도무지 할말이 없었다 .....

2. 남자의 집

남자는 여자가 사랑스러웠다.
가정을 꾸리며 책임지는 것이 좋았다.

처녀가 집으로 오던 날
모든 사람들은 처녀를 예쁘다고 했다.

처녀는 남자의 관심만을 요구했다

자신의 자부심에 어울리는
사랑이 필요했다.

그 뿐이었다.

가족을 이끌어가고
그리고 예쁜 사내 아이를 낳았다.

녀석이 자라
여자가 생기면

자부심 가득한 며느리를
사랑으로 맞이 하리라
느끼면서
온 세상을 살았다.

처녀의 별이 진다.

땡볕

머리를 쥐어박듯

어질 어질한
마른 햇살

가혹한 햇살을 배경으로
울려 퍼지는

날카로운 매미 소리

장미의 나날

1.

섬세한 붉은 색상
정교한 가시

장미는 민감하다

조금이라도 기분이 상하면
사정없이 가시를 뻗어 찌른다

2.

정신이 혼미해 지는
짙은 향기

장미는 사랑의 유혹이다.

누구라도 빠져들 수 밖에 없는
사랑을 뿌린다

도심

지난밤
청춘의 열기는 지독했다

청소부는 아침마다
밤사이 도심에 떨어진
인간의 각질,

뜨거운 연정들 …

떨어진 열기들을
쓸어 담는다

이젠
말라버린 사랑

휴지가 되어
바람타고 원 도심을 누빈다

시간

햇살
창창하게 맑은날

저 멀리 있던
껌정구름 한 무리

어느새 머리 위에서
한 바탕 천둥치더니

길손의 옷을 적신다

피할 곳이 없다

한 여름에 핀 노란꽃

1.

따가운 햇살 그늘에 숨은
노랗고 큰 꽃은
가느다란 꽃대 위에 위태롭게 걸려 있다

때로 심한 바람에 사정없이 흔들려도
목숨 걸고 자신의 색을 지킨다

2.

햇살에 달구어진
찌는 듯한 바람은
꽃의 욕망에 수를 놓는다

크고 노란!
노란 꽃의 열정!

나의 색을 포기할 수 없다
나의 혼을 채우기 전까지는

3.

한여름 내내
꽃은 외로운 향기를 뿜어내며
더위에 지친 인간을 위로하고 있었다

꽃들은 당당했다

아찔한 충격
너를 처음 본 느낌이 그랬다

어쩌면

사랑
그 지독한 전율을 위해
이 땅에 온 것은 아닐까

책들 …

서점

책장에
주렁주렁 목을 맨 책들

반역의 음모를 고발한 자는

책의 주인들이었다

찢어지고 너덜거리며

조금씩 시간을 분해하고 있다

사물을 보는 방식

모든 사물이
각기 보는 방식이 다르다

두 개의 눈동자로 세상을 보기 때문이다.

하나가 되면
아름답고

둘이 되면
두려운 존재들

너와 나

천지간에 너 뿐이다

장대한 소나무 위에 걸린 보름달
천지간에 너 뿐이다

넓은 호수 한복판 작은 별빛 하나
천지간에 너 뿐이다

눈동자

영혼으로 가는 문

나를 방문하고
너를 방문한다

하나로
태어나는 사랑

나를 부르는 너의 맥박 소리

어떻게 풀 것인가

실

정교하지 않은
타래

심난하다
어떻게 풀 것인가

시작이 어딘지는
아득하여 보이지도 않고

사이사이 거쳐간
누군가의 숨결로
원망처럼 엮인
줄들

어떻게 풀어야
모두가 행복할까

어설피 푸는 것 보다는
구석에 두어
오랜 시간 지난뒤
잊혀짐이
현명할 때도 있다

시골역

작은 광장
오순도순 꽃으로 장식된 화단

그리고
세월 모르는 소나무
흐드러지게 드리운

정적

광장 맞은편
쓰러져가는 기와집 백마다방
여전히 있는

참
눈물나는 공간

들어주기

1.

삼라만상은 각각의 소리를 가지고 있다
듣기만 하자
들어주기만 해도
너를 이해 할 수 있다

판단은 버리고 ...

2.

너의 숨소리
너의 맥박소리
너의 마음에서 나오는 감정의 소리들
선명하게 들린다

얼굴을 바라보며
그냥 웃어 주었다

비 오는 날

똑 똑 똑
물방울이 떨어지면

똑 똑 똑
시간이 떨어진다

하릴없이 오전이 다 갔다

지나가는 구름을 보며
눈부시게 기다려도

하릴 없이 하루가 갔다
어둠이 내린 후에도

똑 똑 똑

물방울인지,
시간인지,
님의 기척인지 ....

가을

단풍 1

올해 마지막으로 길을 나선
단풍이 곱다

화려하고 붉은 옷으로 곱게 치장을 하고
나선 날
바람이 시샘하듯 불어

붉은 눈물을 떨군다

천사의 옷자락에서 풀린
형형색색의 빛깔은
바람을 타고
햇살 아래 떨어지면
선명한 주홍빛 추억이 된다

땅에 떨어진 천사의 한숨은
인간의 마을
앞마당을 장식한 감나무도 되었다가

소담스런 향수가 되었다가 …

사람의 마을

– 죽도시장

낯선 거리를 헤메는
갖가지 생선들 ....

세상 구경을 하고 있다

어부는 그물 속에든
자신의 시간을 꺼내
세상에 풀어 놓는다

시간은 무지개 빛

대게가 되어
생선이 되어
세상을 구경하고 있다

영화같은 세상

1.

시간은 한편의 영상이다

맑은 햇살 가득한 날
건강하게 걸어다니는
저 우아한 사람들

비오는 날
창에 떨어지는
신선한 물방울들

낙엽 가득한 오솔길
마음을 털어버린
가지가지마다 들려오는
빽빽한 추억들

농염한 색
단풍 물든 산에 그린
전생의 기억들 ...

한편의 영화

사람은 아름답고
세상은 화려하다

내가 사는 세상이
이토록 아름답고 편하였던가

무얼한다고
이 세상을 몰랐던가

그래
한번쯤은 뒤집어 볼 일이다

2.

우리는
너무
우리에 집착하며
살지는 않는가?

나는
너무
나에게 빠져
살지는 않는가?

닭도 오래 살면
명대로 살면
봉황이 될 수 있다

퇴근길

1.

오후 여섯시,
종이 울리면

온 몸을 짓누르던
하루의 무게가 풀려나

육체는 휴지처럼 구겨진다.

2. 〈지하철 속에서〉

긴
하루의 망상들이 사라지자

육체는 휴지처럼 구겨져
깊은 잠에 빠진다

단풍 2

키큰 은행나무 밑
노란 잎들이 무덤처럼 깔렸다

몸을 털고
마음을 터니

지난 세월의 아쉬움이 저렇게도 많았었나?

무거운 마음으로
돌아서는 행인은
무심히 낙엽을 밟는다

당신에게 버려야할
기억은 없으신가요?

새로운 삶을 위해

몸을 털고
마음을 터는
나무의 선택이
차라리 깨끗하다

애인

1.

가슴 가득 차 오를 때까지
당신의 영혼을 느낍니다

속삭이듯 울리는
감미롭고 향기로운 낮은 음성

부드러운 손길 하나 하나
전율과 감동으로 닥아옵니다

배려하고 기다려 주는 당신은
참 아름다운 사람입니다

끝도 시작도 없는 세상에서도
당신을 영원히 기다릴 수 있습니다.

2.

언제나 내 마음에 그리는 그림은
당신, 영혼의 색으로 가득합니다

붉고, 노랗고, 파란
하늘을 그린 그 색깔로 채웁니다.

그리고
온 몸과
온 마음으로 당신의 전부를 느낍니다.

당신의 체온, 감정, 마음 ...

순수한 열정이 일어나고
쉬지 않는 욕구가 당신을 흔드는
혼돈까지도 알 수 있습니다.

붉은 하늘
나와 당신의 영혼이 만나는 공간입니다.

잔치 : 상가집

1.

안개가
사박사박 얕게 깔리고
붉고 하얀 가로등에

붉은 단풍은 더 붉게
노란 단풍은 더 노랗게 빛나는

따뜻한 저녁

건너편 묘원에는
아련하고
파란,
도깨비 불, 하나 둘 셋 ...

총총 뛰어다니는
영혼의 잔치 마당

2.

잔치집에
손님은 밤늦게 도착하신다

가슴뛰는 이별을 한바탕 쏟아내는
통곡을 하고
그리운 추억,
한 밥상 받아
한 밤 내내
망자와의 그리운 그 시절을 살아본다

3.

가고 오는 시간이 다르지 않다

어디에서 오신 줄도 모르고
님은 또 어디로 가셨는지 모른다

이제 다시 함께 할수 없다는 절망감에
마음이 무너지고

찾을수록 마음만 무너지고 ....

4.

잔치는 끝났다
손님은 모두 떠나가고
님도 손님처럼 떠나가고

주인 잃은 빈 방에 들면
마음마저 빈방처럼 텅 비어

시간이 무너지고
그 오랜 사랑이 무너지고

구석에 홀로 숨었던 그리움이 자라난다.

5.

그리운 사람과
그립지 않은 사람이 있을까

망자는 유언을 하였다
"그 인간은 두 번 다시 보기 싫으니
그 곁에 묻지 마라"

이제 두분은 어디서 만나고 계실까

가슴 아프게 사랑하셨던
그 시간들은 어디로 갔을까

6.

단풍이 질때
화려한 아름다움에 눈이 멀어
그 아름다움이 떠나는 징조임을 알지 못하였듯이

텅빈 나뭇가지가
봄에 다시 잎을 피우는 징조임을 알지 못한다

그렇게
우리의 슬픔이 생겼다

손때

길게
짧게

손에 익은 물건이 자랑스럽다

아무리 값을 따진데도

익숙한 것과
익숙치 않은 건

손과 마음만이 안다

같다

1.

크기가 같다

어둠과 밝음 크기가 같다
사랑한다, 사랑하지 않는다, 크기가 같다
구름과 비와 들국화는 크기가 같다
사랑과 미움의 크기가 같다
생각과 단어들의 크기가 같다

먹고 마시고 숨쉬는 무게와
죽음의 무게가 같다

2.

따뜻하고 부드러운 방안
사랑의 밀어들이 아름답다

문밖은
찬바람 속 어둔 그림자

가을 길목

지난 여름
활개 치던 잎들이
숨죽이고 있다

이제
자신의 시간을 정리해야 함을
잘 알고 있는 듯

여장을 꾸린다

미동도 않은채
비를 참아낸다.

휴지통에 버려진 국화

꽃은 죽어가면서

짙고

달콤한 향기를 발산한다

어떤 훌륭한 그림이라 할지라도
그림속의 꽃에는 향기가 없다

잠자리와 전등

늦 가을
지하도
하얀 전등빛 아래서

껌정 잠자리
길을 찾는다

잠자리의 눈에는
저 빛이 세상으로 나가는 통로인데

저 문(門)

저 빛 속으로만 가면
천국 같은 세상인데

도무지 열리지 않는다

잠자리는
언제까지 저러고 있을 수 있을까

고목

1.

굵은 줄기
깊게 패인 상처
언제적 기억이냐 물어도
그저 웃기나 할뿐
말이 없다

2.

긴 시간 버텨온
인내
오래 지나보니 세상의 끝에는
시간뿐이었다
이젠 자유로운 영혼이 되어

그저
세상을 건너가고 있다

가을 비

지난 여름
장대하게
자신을 지키던
키 큰 나무

오늘은 자신을 내려 놓고
비에 젖는다

과거의 상념에 빠져
잃어버린 자신을 찾는다

비는 세상 천지에
과거의 시간을 흩날려

모두가 침묵한다

과거로부터 자유로울 수 있는 건 아무것도 없다

남자 나이 50중반

어느날 갑자기
변해버린 모습

거울 속 저 사람
누구일까

나는 아닌데 …

10년전, 20년전 사진을 드리대도
아닌데 …

도대체 누구일까

어느날 갑자기
자신의 얼굴을 잃어버리자
낯선 남자가 따라 다닌다.
자신을 잃어버린 남자는

TV 연속극 속의 세상에서
날마다 새로운 주인공이 된다

친구는 천국이다

마음을 나누고
나를 나누는
친구를 만나는 것은 기쁨이다.

말이 통하고 취미가 통하는
친구를 만나는 것은
천국의 삶을 사는 것이다.

집에서는
무서운 얼굴과 큰 목소리
쿠데타로 집안을 장악한
고귀한 아내의 잔소리
직장에서는
식권을 장악한
신분 높은 상사의 잔소리

나를 배려해줄 곳 없는 세상에서

하고 싶은말
하고 싶은 짓을 할 수 있는
친구와의 만남은 천국의 나날이다

장터

단풍 아름다운 길
색색의 과일이 열린
길따라 가면

노란 황토 위
펼쳐진 인정

빛깔 고운
시골 장터 마당

기도

떨어진 낙엽은

나의 영혼을 흔드는 노래

나의
지나간 삶이
이토록 아름다웠다는
시간의 축복

신을 향한 기도를 시작한다

"은혜롭게 살자"

가을을 보내며

나를 지켜 주세요

국화, 해바라기, 코스모스 …
여린 꽃잎의 목소리들

높고 깊은 하늘에서 내려온
바람 사이로

흔들리는 인연들

겨울

고집

어느때부터인가

볼 것만 본다

느낄 것만 느끼고

선택한 것만 들린다

나는 나!!!

높은 목소리

신神

1.

산사의 목탁소리

부처님을 향한 깊은 경배
그러나
인간의 탈을 쓰고는 신이 될 수 없다

2.

천왕문 들어서며
참회의 기도

내 죄를 사하여 주옵시고 ...
그러나
인간의 탈을 쓰고는 신이 될 수 없다

3.

지하철에서 작고 낯선이가 볼펜을 판다
"그냥 볼펜만 판다"

천원을 건네자 우리는 하나가 된다
작고 초라한 하나가 된다
그러나
인간의 탈을 쓰고는 신이 될 수 없다

4.

화려한 광복로 거리를 걷다보면
만나는 사람들
스치는 사람들

정겹고 인정 많고 따뜻한 사람들
그러나
인간의 탈을 쓰고는 신이 될 수 없다

5.

나무 그늘에 앉아
지나가는 바람을 본다

시간은 나그네 길을 가고
법고소리 요란하게
마음을 두드린다

인연

영혼을 스치는 기억

낯선 마주침 속에 명멸하는
전생의 그림자

어둔
사랑

우리가 서로를 알아보지 못하며
지나친 것이

몇 번째인가

떨어진 꽃이여

카바레

무대 속 짙은 음악이
너의 영혼을 흔들지 못한다면

예술을 말하지 마라

뼈속을 스치는 강한 전율

사무친 영혼의 그리움을 아는가

정이품 소나무

아름답고
기개 높은 기품을 드리우고

참,
오래 산다

지리산 꼭대기
눈비 맞으며 천년을 버티는
외로운 주목이

차라리 초라하다

통속의 디오게네스

통속에서 잠드는
철학자 디오게네스

그가
통속에서
얼마나 편안히 살았는지 아는가

그걸 알았다면

우리도 철학자가 맞다

터널

1.

한점

출구를 향해 달려나가는
과거의 시간들
미래의 어느 낙원을 찾아
죽을 힘을 다해
뛰어간다

2.

크고 까칠한 높은산
복장에 구멍이 났다

휘 휘
바람 소리가 난다

심장은 어디 숨겼을까

대화

나를 보고

너를 보며

마음에서 튀어 나오는 그림들 ...

이름

누군가의 모습
누군가의 흔적

이름은
그렇다. 흔적이다

대답 없는
이름도 있다

잊어버린
이름도 있다

나 였었던
아득한 기억일 수도 있다

우리를 침묵하게 하는 것들

혐오
분노
깊은 애정

늪 처럼 빠져 든다

가엾음
측은함
사랑

연기처럼 흩어지는 것들

구속
인연
만남의 끝

그림자 같은 것들

홀로 침묵함
홀로 사랑함
홀로 선택함

거울같은 것들

진실

진실은
늘
가까운 곳에 있었다

내가 묻기도 전에 대답하는
마음 한켠
그곳에 있었다

그리고
이것이었는지 저것이었는지
다시 물을 필요도 없다

쥐약

간밤 죽어
버려진 사체
그래도 표정 만큼은 행복하다

배꼽은 쥐에게는
죽음보도 깊은 유혹이었나 보다

알고 먹었을까 모르고 먹었을까

우리가 거부할 수 없는
술, 담배 같은 ……

알고 먹었을까 모르고 먹었을까

세상에는 없으면 편한 것도 많다

세상에는
없으면 편한 것도 많다

근심걱정
그리고 잡동사니들 …

그럼에도
시작부터 끝까지
우리의 일상은
잡동사니 속에서 흘러간다

그런 것이 없다면
나의 삶도 없을 것이다

지금
여기서
모든게 끝난다면 무엇이 필요할까?

감정

1.

나는 흔들린다

여린 잎이다
아물지 않은 상처다
작은 바람에도
속살이 보일 정도로 흔들린다

2.

나를 나라 부르지 않는 자
누구인가

나는
천의 얼굴을 가진 힘이다
천개의 빛살마다
어울리는 꽃이 피지 않는다면
분노할 것이다

마음에 이르는 병

1.

바람은 꽃을 떨어뜨리고
파도는 바람을 삼킨다

분노는 분노에 이르며
사랑은 사랑에 닿는다

부드러운 손 끝에 달린

마음에 이르는 선택

2.

사랑일까
누군가를 집요하게 기다리는 건

사랑일까
나를 위한 열정만을 강요하는건

사랑일까
너의 이름위에 씌인 나의 이름은

네가 조금
사랑을 나누면 된다

상처들은 …

조개와 노인

낯익은
조개 한 마리

어시장 바닥에 깨어져 있다

어느
풍요로운 바다를 지배하던
꿈이 사라졌다

어시장을 돌아 나온
지하철 입구

왜소한 노인
웅크려 쓰러져 있다

술에 취하셨을까
모자까지 뒹굴고 ...

어느
산천
세상을 호령하던 별이 떨어 졌다

향수의 여인

지하철
낯선 사람들의 향기로
가득한 공간

향수의 여인이 있었다

옆자리에서
뿜어져 나오는 짙은 향기에
정신이 혼미해진다

향기는 향기일뿐
아름다움이나
인격이 되진 못한다

그래도 눈치보지 않는
늠름한 자의 이름

"향수의 여인"

알파카와 라쿤

한파를 견디는 여성 외투는
알파카와 라쿤의 털

돈이 되는 거래가 되어
알파카를 길러 털을 털고
늙고 가치없는 알파카는 폐기된다

이를 불쌍히 여긴 사람은
버려진 알파카를 거둔다
TV에 비친 두명의 여성 보호자
미국의 대표적 비만으로 몸집이 거대하여
오히려 알파카가 왜소하다

무얼 먹고 저렇게 살이 쪘을까?

가끔은 알파카를 보며 속으로
"너는 무슨 맛이니?"
물어보지는 않았을까

아! 끔찍한 일이다
알파카는 영적으로 대화하기 때문이다

라쿤의 털을 얻기 위해서는
사정없이 총을 쏜다

달롤화산

– 에티오피아 다나킬

죽음의 땅
무엇도 살 수 없으나
노랗고 하얀, 푸른색채가 만들어내는
지묘한 풍경

영혼을 사로잡는 아름다움에 이끌려
곤충도 새도 찾아와
죽어가는 땅

끓어오르는 지옥도 풍광 만큼은
천국과 같이 아름답다

영적인 것은 아름답다

지옥이 독으로 만든 아름다움이라면
천국은 사랑만으로 만든 아름다움일까?

문명인은 지옥의 경이로움을 관광으로 즐기고
낮 기온 40도 이상 바람 한 점 없는
짜릿한 평원

지옥에 기대어 사는 사람들은
악마의 눈물같은 소금을 캔다
몇 생에 걸쳐
악마의 눈물이 없었다면 살 수 없었다

아 그렇다
악마는 천사였다
버림받은 루시퍼였다

그의 덕분에 지옥도 천국과 같은
경이로움과 아름다움이 있었다

사과를 버려야 하나 말아야 하나

| 박인태시집『풍경』해설 |

바람의 시학

정 영 자

(문학평론가, 부산문인협회 명예회장)

살아간다는 것은 맑고 푸른 시의 길을 간다는 것이고 시의 길은 멀리 구름밖 하늘에 있는 것이 아니라 우리가 사랑하며 그리워하고 함께 즐거워하며 때로는 같은 시공간의 스토리를 가지면서 대화를 나누는 곳에서 열린다. 때문에 시는 사람과 사람, 자연과 사람의 안부를 묻는 것이다. 섬진강의 김용택시인은 자신의 어머니의 말을 그대로 인용한 것이 시라고 고백하고 있다.

시를 좋아하고 시의 푸르고 깊은 그리움과 기다림의 의미를 수용하고 즐기는 사람은 이 세상과 사람에 대한 경이로움과 함께 솔솔 솟아나는 생명의 꿈나무를 키우고 있는 것이다.

시라는 생명과 열정의 나무를 사계절의 다채로움 속에서도 철학의 한마당으로 키우는 박인태시인은 2014년『여기』겨울호를 통하여 문단에 데뷔하였다. 영문학을 전공하고 문학의 일상화를 통하여 늘 시를 가까이 하다가 부인이

먼저 시인으로 등단하고 자신은 문학적 체험과 꾸준한 독창적 시 쓰기의 발효를 거쳐 드디어 부산문단에 부부시인의 명칭을 가지게 된 것이다.

첫시집 『풍경』의 부제는 "아름다운 세상이 나를 깨우는 작은 소리들"이라고 하였다. 이 세상의 시적화자를 깨우는 작은 소리들은 지금 이곳의 우리들 주변에서 흔하게 들을 수 있는 소리다.

봄, 여름, 가을, 겨울 4부로 나누어 자연과 인간의 다양한 삶을 형상화하고 있는 박인태시인의 시는 정제되고 맑다. 그리고 자연과 사람에 대한 사랑이다. 자연, 사람, 자유, 부부미학의 성찰로 노래된 그의 시는 바람시학에서 근원한다. 자연과 사람에 대한 깊은 애정과 관심은 바람 이미지로 각인되어 깊은 철학적 사유 속에 꽃 필 수 있었던 것이다. 특히 사랑에서 덤덤함까지 부부시학의 성찰은 압권이다. 자유인의 행복과 신이 될 수 없는 인간의 일상을 형상화하여 직설적인 짧은 시의 잠언형식과 연작시 형태 등 다양한 기법을 원용하여 한 시인의 삶을 고백하지만 남의 이야기를 들려주듯 객관적인 위치를 고수하고자 하는 작시의 의도가 보인다.

중년을 넘어서서 '부부'라는 의미를 재성찰하고 있는 결혼이야기의 스토리텔링을 <그 여자의 집>, <남자의 집>으로 형상화하고 있다. 시의 길과 사람의 길이 다르지 않은 철학이 있는 시인의 등장이 반가운 이유는 독자들의 친근함이 여기에 묻어 있기 때문이다.

1.

바람이 지나간다

여린 나뭇잎을 흔들고
꽃잎을 흔들고
당신의 머릿결을 흔든다

나는 스쳐 지나가는
바람이 아니다

바람
그 자체이다

바람에 흔들리는 여린 나뭇잎이고
전율하는 꽃잎이며
당신의 영혼이다

푸른 하늘 뭉게구름을 올려다 보며
그 어디에서 왔는지 나를 찾지 마라

언제나 당신 곁에
존재하여 있는
사랑이다

2.

꽃이 피고
꽃이 지고

또 한 무리의 꽃이 피는 세상

무한히 회전하는
창조의 공간에서 길을 묻습니다.

가끔씩 꿈에서 깨어나 길을 묻습니다
거울을 보며 묻듯이....

3.

버려 두라
간섭하지 마라

떨어지는 머리카락
한 올까지
아까워하거나 후회하거나 아쉬워 말고
버려 두라

미세한 한 개의 세포마저
자유를 원하는

완벽하게 자유로운 영혼이다.

4.

크고 웅장한
당산나무

푸른 이사귀 하나

바람에 일렁인다

누군가를 향한 인사

나를 기다렸노라고 말한다

-<바람> 전문

시적 화자는 남자이고 시적화자의 대상인물은 여자이다. 자유인의 의지를 노래하고 있지만 결코 사랑을 잊지 않고 언제나 당신 곁에 존재하고 있는 사랑임을 고백하는 시다. 스쳐 지나가는 바람이 아니라 여린 봄의 나뭇잎, 꽃잎을 흔드는 바람 그 자체임을 시적화자는 노래하고 있다.

꽃이 피고 지는 창조의 공간에서 어떻게 살아야 하는지 길을 묻고 끊임없이 의문을 던지고 있는 성찰의 과정에 있다.

"버려 두라/간섭하지 마라,~완벽하게 자유로운 영혼이다"를 외치는 바람의 완벽한 자유를 구가한다. 그러나 시인은 마지막 연에서 크고 웅장한 당산나무도 푸른 잎사귀 하나가 바람에 일렁인다고 형상화시킴으로써 흔들리는 바람의 특성과 함께 이 세상 천지간에 흔들리지 않는 것이 없음을 시사한다.

인생의 깊이를 살아온 시인의 철학이 녹아있는 바람의 자유와 사랑의 확신을 이중적인 의미로 풀이하고 있다.

1.

어떤 대상이라도

사랑한다고 말해주기 전에는
떠나지 않고
나의 주위를 영원히 맴돈다

낮에 핀
벚꽃
한잎 한잎마다

사랑한다, 사랑한다, 사랑한다고 했더니

한밤
슬며시 부는 바람을 타고
하얀 나비되어 날아오르는
나비, 나비, 나비들

- <사랑> 전문

"사랑한다, 사랑한다, 사랑한다고 했더니//한밤/슬며시 부는 바람을 타고/하얀 나비되어 날아 오르는/나비, 나비, 나비들"은 경이로움이다. 한 잎의 꽃잎에 대한 지극한 사랑의 대상화는 부는 바람을 타고 날아오르는 나비들이 된 것이다. 생명없는 꽃잎 하나에도 사랑을 담아 말해 주니 나비떼가 되는 놀라운 대상들의 변화는 바람 이미지인 시적화자의 진정성이다.

김춘수시인의 시를 연상하리만큼 나에게 와서 꽃이 되는 경우와 같다.

나는 누구인가
체험의 실체이며
존재의 실체다
거짓인 것은 없다
필요치 않은 것도 없다

모든게 존재인 이유를 가지고 있다

나는 진리다
세상을 떠도는 사랑이다
나는 나를 대변한다.

세상에 존재하는 실체로서
선택과 체험은
오직 나 자신의 몫이다.

나는 나로서 존재한다
나는 바람
나는 위대한 이상이며 힘이다.

나는 의문없는 실체이다

- <바람의 노래> 전문

인간은 천연기념물이다. 때문에 시인은 <바람의 노래>를 통하여 '나는 누구인가'를 묻는다. 결국 나는 나로서 존재하는 의문없는 실체고 진리, 자유, 바람으로서 살아있음을 끊임없이 추구한다.

시적 자아는 체험과 존재의 실체요, 진리와 사랑이며 그 누구도 아닌 '나는 나를 대변한다'. 선택과 체험은 오직 자신의 몫이기에 '나는 나로서 존재'하는 '바람이다'. 바람인 나는 이상이며 힘이고 나의 자유를 구가하는 주체적 존재의 소중함을 성찰하는 철학적인 시다. 이와 같은 한편의 시를 완성하는데 시인의 전생애가 녹아 있고 발효된 이상과 사랑의 함수관계, 나아가서는 존재함의 위대한 성찰에 닿아 있다. 때문에 천연기념물적인 인간존재의 위상을 노래할 수 있는 것이다.

중년을 지나왔고 서서히 노년의 초입을 바라보는 시인은 '부부'라는 관계에 서정적이고 비판적인 형상화를 꾀하였다. 대부분의 시인들이 '부부'관계의 지난함과 현재의 만족감, 혹은 남은 세월의 염원을 담은 귀거래사적인 면이 많았다. 그러나 박인태시인은 <1. 그 여자의 집>과 <2. 남자의 집>을 통하여 스토리가 있는 서사적인 표현 기법으로 젊은 날의 시공간을 재현하고 여성적 심리와 남성적 처지를 냉철하게 고백하고 있다.

한 여름
햇살 뜨거운 날

처녀의 집 화단에 핀 잡초마저
기절하여 잎을 늘어 뜨리고 쳐진 날

온 집안이 떠들썩한
분주함 속에서
늘 그렇듯 남자는 산책을 나서고
처녀는 황토마당에서 잔치 준비로 소란스럽다

집을 나선 남자는 옛 추억을 더듬어
처녀의 집에 인사차 처음 오던 날
긴 시간 시골 버스에 시달리다
낯선 길에 내려 걸었던
코스모스 흐드러지게 피었던 길을 찾는다.

30년 동안 너무 많이 변해
길은 바뀌고 기억에 없는데
아직 남아 있는 산길을 찾아 반가움에 걷는다.

오랜 시간 방치된 길에는
8월의 뜨거움을 먹고 자란
노랑, 빨강, 흰색의 갖가지 꽃들이 피어 있었다.

높은 나무 사이에는
거미가
여전히 큰 집을 짓고 있었고

길의 끝에는
30년전

처녀의 집으로 가기위해 내린
산골 버스 정류장이 있었다.

때는
청명한 가을
남자는 건강하고 늘씬하였으며 잘 생겼지만
건방지게 청바지에 흰 티 셔츠, 운동화가 전부였어도
처녀는 자부심으로 충만하여 남자를 데리고 집으로 갔다

처녀의 집에는 올망졸망한 어린 동생들의 눈동자가
하나, 둘, 셋, 넷... 그렇게 있었고
장인인 촌부는
남자 앞에서 말이 없으셨다.

도시물에 젖은 하얗고 늘씬한 모습에
마음이 끌렸어도 내색하지 않으셨다.

처녀는 그 남자가 자랑스러웠다.

남자에게는 처녀의 집이 멀고 갑갑했다.
산을 배경으로 펼쳐진 들녘
넓은 논밭의 단순한 풍경
올망졸망한 어린 눈망울들
말없는 어르신들
남자에겐 흔치 않은 일상일 뿐이었다.
그리고 남자는 너무 어렸다.

그 뒤로도 오랫동안 남자는 늘 그렇게 생각했다.

그러나
처녀의 자부심은 대단했다.
남자를 자랑스러워 했다

말 없던 장인은
끝내 남자와 깊은 대화 없이 사랑을 가슴에만 묻은채
20여년전 떠나고

오늘은
장모의 팔순 잔치날

그날 저녁
처녀의 집 위를 환히 밝히던
별 하나 떨어져
남자의 가슴속 깊이 박히던 날

남자는 비로소 참회의 눈물을 흘렸다.

.... 처녀의 자부심에 비하면
자신은 도무지 할말이 없었다 .....

- <부부. 1. 그 여자의 집> 전문

지금은 아내가 된 그 여자의 집을 가던 날의 햇살 뜨거운 여름날에 '처녀집 화단에 핀 잡초마저/기절을 하여 늘어 드리고 쳐진 날// 온 집안이 떠들썩한 /분주함 속에서 / 늘 그렇듯 남자는 산책을 나서고//처녀는 황토마당에서 잔치준

비로 소란스럽다'는 스토리텔링의 서사적 톤으로 감정을 배제할 대로 배제한 가운데 그 날의 정황을 냉철하게 묘사하고 있다.

시인의 사물을 보는 시각은 남다르다. 시적화자는 처갓집 행사에 늘 산책을 나서지만 남겨둔 풍경을 보는데는 날카롭다. 장모의 팔순 잔칫날에 산책을 나서는 시적화자인 시인은 처녀의 집에 인사차 처음 오던 날을 기억한다. 긴 시간을 시골버스에 시달리다 낯선 길을 걸으며 코스모스가 흐드러지게 피었던 길을 찾는다. 30년 세월이 흘렀지만 아직도 남아 있던 산길을 찾아 오랜 시간 방치된 길의 풍경을 묘사한다. 갖가지 꽃들이 피어 있고 높은 나무 사이에는 거미가 큰 집을 짓고 있었고 길의 끝에는 30년전 처녀의 집으로 가기 위하여 내린 시골버스 정류장이 있었다.

그 날은 청명한 가을이었고 시적화자인 남자는 잘생겼지만 청바지에 흰 티셔츠, 운동화가 전부였다. 처녀는 자신이 선택한 남자를 자랑스럽게 자부심으로 충만하여 남자를 데리고 집으로 갔다. 그 날 처녀의 집에는 어린 동생들이 넷, 장인인 촌부는 도시물에 젖은 남자의 모습에 마음이 끌렸어도 내색하지 않았다. 처녀는 남자가 자랑스러웠지만 남자는 처녀의 집이 멀고 갑갑하였다. 산을 배경으로 펼쳐진 들녘, 넓은 논밭의 단순한 풍경, 올망졸망한 어린 동생들, 말 없는 어르신들, 시적화자에게는 흔하지 않은 일상일 뿐이었는데 30여년 동안 그는 늘 그렇게 기억되고 생각했을 뿐이었다.

처녀의 자부심은 대단했고 시적화자인 그 남자를 자랑스러워 했고 20여년전 시적화자와 깊은 대화없이 사랑을 가슴에 묻은 말없던 장인이 떠나고 장모의 팔순 잔칫날 비로소 시적화자는 자부심을 가득하게 자랑스러워 했던 그 여자인 아내에게 도무지 할말이 없어 참회의 눈물을 흘렸다는 결혼생활 30여년의 성찰과 제대로 표현하지 못한 아내에게 대한 사랑을 조용히 그러나 세밀하게 고백하고 있다. 마치 한편의 시를 통하여 스토리텔링화한 자신의 그날과 남자로서의 아내의 자부심이 될 수 없는 자신의 오늘을 객관화하며 미더운 아내에게 보내는 사랑 한마디 사용하지 않으면서 사랑의 대서사시를 완성하고 있는 것이다. 사연은 길어도 그것을 여과하는 담백한 진정성이 유보되어야 공감대를 형성할 수 있다.

<남자의 집>은 <그 여자의 집>과 대칭되는 시로써 시적화자인 남자의 집 분위기를 묘사하고 있다. "남자는 여자가 사랑스러웠다//가정을 꾸리고 책임지는 것이 좋았다"고 노래하고 있다.

"처녀가 집으로 오던 날/모든 사람들은 처녀를 예쁘다고 했다." 시적화자의 눈으로서가 아니라 객관성을 유지하기 위하여 모든 사람들이 처녀를 예쁘다고 했다는 거리감 있는 시선을 유지함으로써 더욱 처녀의 예쁨을 강조하고 있다.

특히 처녀가 시적화자를 자부심 가득하게 자랑스러워 하듯 사내아이가 자라 여자가 생기면 자부심 가득하게 남자를 생각하는 그런 며느리를 맞이하리라는 각오를 밝혀 자신을 선택한 아내에 대한 무한한 사랑과 신뢰를 보내고 있다. 아내의 사랑과 믿음을 확인한 시적화자인 남자의 옹골차고 발효된 사랑을 유감없이 표현하고 있다. 마지막 행에서 "처녀의 별이 지고 있다"는 나이들어 가는 아내에 대한 처연한 아픔을 노래하며 밤도 저물어 가는 시간의 안타까움을 비유한다.

나를 보고
너를 보며
마음에서 튀어 나오는 그림들 ...

- <대화> 전문

어느 때부터인가
볼 것만 본다

느낄 것만 느끼고
선택한 것만 들린다

나는 나!!!
높은 목소리

- <고집> 전문

절제된 고집의 철학이 단단하게 뿌리내린 시다. 볼 것만 보고 느낄 것만 느끼고 선택한 것만 들린다는 '나는 나'라는 높은 목소리야말로 간결하게 표현된 고집의 이미지다.

한순간의 틈새를 주지 않는 보고 느끼고 들리는 선택의 의미는 자아의 철옹성을 만들어 고집나라를 건국한다.

장대한 소나무 위에 걸린 보름달
천지간에 너 뿐이다

넓은 호수 한복판 작은 별빛 하나
천지간에 너 뿐이다

- <천지간에 너 뿐이다> 전문

직설적인 그러나 단호한 <천지간에 너 뿐이다>는 두말을 할 틈을 두지 않는 연시 중의 연시다. 더 이상 수식이나 말이 필요없는 사랑의 시다. 최근에 애송되는 시들은 대부분 짧은 시다. 간결함 속에 펼쳐진 무한의 철학이 담긴 시가 이 시대에 필요하기 때문이다.

박인태시인은 흔들리게 해주는 역동성의 특성보다 자체가 바람의 역동성을 가지고 끝없이 새로움과 자유의지를 창출해 내는 바람으로 언제나 시적 대상을 지키는 바람시학의 서정과 진정성을 노래한다. 참 정직한 시인을 만나게 되는 기쁨을 가진다.

박인태 시집
풍경(風景)
| 아름다운 세상이 나를 깨우는 작은 소리들 |

2015년 1월 26일 초판1쇄인쇄
2015년 1월 30일 초판1쇄발행

지은이 박 인 태
펴낸이 이 길 안
펴낸곳 세종출판사

부산광역시 중구 흑교로71번길 12 (보수동2가)
전화 463-5898, 253-2213~5
팩스 248-4880
E-mail sjpl@chollian.net

출판등록 제02-01-96

ISBN 978-89-6125-867-8-03810

값 8,000원